Worte, im Bann der Liebe

Überarbeitete Ausgabe

Von Mia Morgenstern

Autorin

Mia Morgenstern , eine aus Schleswig Holstein stammende Frau, die immer den Drang verspürt, gegen den Strom schwimmen zu müssen.

Bibliografische Information der Deutschen Nationalbibliothek: Die Deutsche Nationalbibliothek verzeichnet diese Publikation in der Deutschen Nationalbibliografie; detaillierte bibliografische Daten sind im Internet über dnb.dnb.de abrufbar.

©2023 Mia Morgenstern (E.Schaack)

2.Auflage. Überarbeitet im Februar 2023

Herstellung und Verlag: BoD - Books on Demand, Norderstedt

ISBN: 9783743196742

Vorwort

Liebe ist ein sehr flüchtiger Zustand, doch wenn du dich darin befindest, halte inne, genieße und speichere diese wunderbare Kraft in deinem Herzen. Irgendwann hast du sie leider wieder verloren, dann wirst du merken, wie nötig du sie brauchst. Wenn du jedoch ganz tief in dich hineinfühlst, wird dir bewusst, sie ist zwar weg, doch du kannst noch sehr lange, von dieser unbeschreiblich starken Energie zehren. Und wenn es nur in deinen Träumen ist.

Inhaltsverzeichnis

8 Gefangen

10 Der erste Kuss

12 Ich brenne

14 Sehnsucht

16 Hoffnung

17 Größenwahn

18 Öffne ich mich?

19 Die Schnecke

20 Angst vor dem Ende

21 Das Leiden beginnt

23 Wie fühlt sich diese Liebe an?

25 Das Ende

27 ********

28 Schau in den Spiegel

29 Gebe ich auf?

30 Ich kämpfe noch!

31 Warten

33 Es muss Liebe sein!

34 Widmung

Gefangen

Es ist da, dieses übertriebene Gefühl der Verliebtheit. Ich ertrinke in Gefühlen. Jemand hat mich gefunden oder ich ihn? Krasse Reaktionen, auf Vieles was ich anspreche. Sehr interessanter Mensch, viel älter als ich. Fünfzehn Jahre liegen zwischen uns. Die Intensität unserer Kommunikation ist außergewöhnlich, die emotionalen Ausbrüche ebenfalls. Wir müssen aufpassen, dass wir nicht übereinander herfallen, obwohl wir mehrere hundert Kilometer voneinander entfernt sind. Beide sind wir psychisch gesehen, ein paar Schritte zu nah am Abgrund, doch irgendwie scheint diese Ähnlichkeit, genau das zu sein, was uns verschmelzen lässt, wie zu einem lodernden Stern, beinahe wie die Sonne. Ich versuche mich dagegen zu wehren. Doch heute bin ich nicht stark genug. Nachts liege ich wach, kralle mich an mein Kopfkissen. Diese magische Anziehungskraft. Fast wie ein Magnet. Vor meinen Augen, spielen sich Momente der Begegnung ab. Ich muss stark sein!

Welch überwältigende Gefühle!

Der erste Kuss

Auf was lasse ich mich da ein? Ein vollkommen fremder Mann. Er lächelt, scheint mir so sehr vertraut. Was zieht mich nur so unendlich an? Ich rede viel zu viel, würde ihn viel lieber irgendwie berühren, doch ich schaffe es nicht. Die Stunden verrinnen und ich habe fast die Hoffnung auf ein Wiedersehen verloren. Es sind nur noch Minuten, bis das Zeitfenster sich wieder verschließt. Er ergreift die Initiative, umfasst meinen Kopf und berührt meine Lippen mit den Seinen. Gänsehaut breitet sich über meinen Körper aus und endlich kann ich auch ihn berühren. Es ist der schönste Kuss, den ich je gespürt habe und ich wünschte, er würde niemals enden. Wir schauen einander tief in die Augen und es scheint mir, als hätte ich etwas gefunden, wonach ich mein Leben lang auf der Suche war.

Ich brenne!

Etwas hat mich geweckt.
Meine Augen blinzeln.
Ich nehme sofort den Druck in meiner Brust wahr. Ich muss die Augen wieder schließen.
Es ist wie eine Art wohltuender Schmerz. Man muss ihn genießen, festhalten.
Dieses Gefühl ist sehr selten, sehr kostbar.
Ich setze mich auf und rufe noch einmal die Bilder, die meine Fantasie malt vor mein inneres Auge. Wie ein heißer Strom durchfließt es meinen Körper.
Es ist kaum zu ertragen.
Ich höre seine Stimme, rieche seinen Duft. Ob er wohl hier ist?
Nein! Das kann nicht sein.

Ich spüre seine Lippen auf meinen,
seine Finger gleiten über meine
Haut.
Doch auch ich darf Seine
berühren.
Es ist wie ein Rausch.
Ob das wohl Liebe ist?

Sehnsucht

Ich wache auf und sehe sein Gesicht vor mir. Diese großen blauen Augen, dieser unbeschreiblich zärtlich küssende Mund, diese seidig weichen Haare. Die Augen blicken mich unentwegt an, als würden sie mit sanften Fingern, das Innerste meines Herzens streicheln. Atme! Atme einfach, und du wirst weiter leben. Ziehe die Luft in deine Lunge. Dann ist dein Körper, erstmal, mit dem Wichtigsten versorgt. Trockne deine Tränen. Es ist nur das salzige Wasser deines Gefühlssees, das über die Ufer schwappt. Die Wellen werden gleich wieder schwächer.

Ganz bald, wird sich dein Himmel wieder darin spiegeln.

Hoffnung

Selbst wenn du nur wenige
Prozent von meinem Leben hast
oder bist oder ich von deinem,
gehörst du dennoch, ein kleines
bisschen zu mir.
Ein kleines bisschen

Größenwahn

So lange ich dieses Pferd noch unter Kontrolle habe, soll es wild sein, wie es will!

Öffne ich mich?

Menschen die man gern hat
lässt man Einblick in die Seele,
weil sie dein Herz berühren.
Natürlich verletzen sie uns.
Eine Schildkröte ohne Panzer,
hätte auch so manche
Schürfwunde am Bauch
bekommen.
Doch sie würde nach einer Weile,
an dieser Stelle etwas Hornhaut
bekommen. Und dann geht es
schon viel besser.

Die Schnecke

Das ist wie bei einer Schnecke,
die mühevoll aus ihrem Häuschen
gekrochen ist. Sie streckt erst den
einen Fühler aus und kurz darauf
den Anderen.
Neugierig streckt sie ihren Hals in
die Welt, als würde ihr jemand ein
saftiges Salatblatt vor das
Köpfchen halten.
Was denkst du, wird passieren,
wenn ihr jemand die Fühler
anschlägt?

Die Antwort:

Ich will darüber nicht nachdenken.
Streck deine Fühler aus und dir
wird nichts passieren.

Angst vor dem Ende

Jeder Aufschlag tut weh. Doch er bringt
einen nicht um. Nicht ganz.
Und irgendwann kommt der Phönix
wieder aus der Asche hervor.
Erst wird er ganz blass und kraftlos sein.
Doch bald beginnt er wieder zu strahlen.
Kraftvoll breitet er seine Flügel aus,
erhebt sich wieder, schüttelt den Staub
aus seinem Gefieder. Und wenn er
seine Pracht komplett entfaltet hat,
schaut er auf die Schönheit der Welt
hinab und beginnt eine neue
Geschichte.
Anfangs etwas zaghaft,
aus Angst vor dem wiederkehrenden
Schmerz. So ist wohl das Leben.
Oder die Liebe.

Das Leiden beginnt

Immerzu schiebe ich meine Gedanken weg von dir. Lese, lerne, gehe raus in die Sonne, tue irgendetwas um mich abzulenken. Doch wenn ich lese, stehen zwischen den Zeilen, Worte von dir. Wenn ich lerne, schaue ich mich um und suche dich. Und wenn ich durch die Natur spaziere, möchte meine Hand die Deine fühlen. Dann denke ich, schlafen, das wäre es. Dabei denkt man nicht so viel. Doch ich träume von dir. Jede Nacht. Ich wache fröstelnd auf und suche deine Wärme, deine weiche Haut, dich! Ich würde mich so gerne an dich kuscheln. Dein Herzschlag würde mich beruhigen. Und die

Gewissheit, dass du mich auch sofort suchst, wenn ich mich nur ein paar Zentimeter von dir entferne, mich mit deinen Händen immerzu halten und spüren möchtest, fühlt sich so schön an. Auch wenn du es nicht zugeben magst. Du fragst mich sofort was los ist, wenn ich mich nur einen Augenblick von dir entferne. Es ist, als würde es endlich jemanden geben, der auch mich liebt. Ich zittere vor Kälte. Meine Hände gleiten über das Laken, in deine Richtung, suchen deine Wärme, deine Liebe. Doch da ist nichts, wieder nur nichts.

Wie fühlt sich diese Liebe an?

Sind wir zusammen, leuchten wir, wir strahlen miteinander. Unsere Herzen glühen vor Liebe, lodern förmlich. Wir sind weich, zärtlich, liebevoll und glücklich, rücksichtsvoll und wie, als würden wir zu einer herrlichen Einheit verschmelzen. Trennen sich unsere Wege wieder, werden wir kalt. Unsere Herzen verkrampfen sich, versteinern förmlich. Worte werden wie scharfe Splitter, die sich schmerzend, in unser Innerstes bohren. Doch wenn sich unsere Blicke wieder finden, unsere Hände einander endlich wieder halten können, wenn unsere Körper sich sehnsüchtig aneinander schmiegen, so tauen unsere Herzen wieder auf. Wir streicheln unsere Seelen und küssen unsere Wunden.

Das Ende

Der Phönix ist am Boden. Mundtot gemacht hockt er zwischen den Scherben, seiner wohl jetzt zerbrochenen Liebe. Sein eben noch schimmerndes Gefieder, ist bedeckt von klebrigen Lügen und seine Lungen verstopft von scheinheiliger Moral. Er ergibt sich seinem Schicksal, senkt den Kopf und erwartet das Ende. Nach einer Weile öffnet er seine noch glänzenden Augen und schaut auf die machtvolle, herzbeglückende Liebe zurück. Doch sie lässt ihn ersticken, verhungern und würdigt ihn nicht eines Blickes. So verlässt seine kleine Seele diesen Körper. Gepeinigt, einsam und ohne Hoffnung, wandelt sie noch eine

Zeit lang, durch die Wüste, der zu Staub zerfallenen Gefühle. Liebe und Leid stehen eng beieinander. Doch wenn man genau hinschaut, sind sie in Wirklichkeit, ein und dasselbe.

Liebe ist ein erbärmlicher Zustand!

Schau in den Spiegel

Wie in Stein gemeißelt, sind die Gewohnheiten, die einem das Leben erleichtern, es erträglich machen, in einer ungewissen Zeit. Auch die Süße der Liebe, kann oft nicht daran rütteln. Sie würde das Leben 1000fach verbessern, verschönern, strahlen lassen. Doch leider wäre das ein Schritt aus dem sicheren Garten, der mit seinen hohen Mauern und den dornigen Hecken, alles Unheil scheinbar abhält, doch alles Wunderbare ebenfalls.

Gebe ich auf?

Du wirst mein Herz schon zerschmettern! Nur eine Frage der Zeit.
Doch was macht das schon?
Eine von Vielen, ein Herz von Irgendeiner, ich hinterlasse keine Spuren.
Nicht in Deinem, noch in irgendeinem Leben. So waren wir nichts und werden es wieder sein.
Das ist der Lauf der Dinge.
Doch der Schmerz, den dieses Leben fühlte, schwebt irgendwo durch die Galaxien.
Vielleicht fühlt ihn irgendjemand einmal nach und denkt sich dabei:
„Was für eine große Liebe!"

Ich kämpfe noch

Mein Herz krampft und krampft, Tränen fließen.   Ich fühle mich so allein.
Gibt es denn keine Hoffnung auf ein **UNS**? Zusammen sind wie so glücklich, so entspannt, so viel ohne Sorgen.
Liebe ist so kompliziert.
Oder machen wir sie kompliziert, wenn wir ans Leben denken?
Warum lassen wir uns nicht fallen, werden zu einer Art Flüssigkeit, die sich selbst ihren Weg sucht?
Warum denken wir nicht, das Wichtigste sind diese unfassbar schönen Gefühle? Und alles andere regelt sich irgendwie von allein.

Warten

Nur noch ein paar Stunden und dann ist er hier. Kann kaum erwarten seine weiche warme Haut zu spüren, seinen sanften Mund zu küssen. Er weiß sehr wohl mich bei der Stange zu halten. Ich winde mich, wie ein Insekt in seinem klebrigen Netz und komme nicht von ihm los. Bin so müde vom ständigen Warten und Hoffen, das „Vielleicht" anflehend, ihn doch früher als erwartet zu Gesicht zu bekommen, ihn endlich wieder lieben zu dürfen. Doch seine Worte laufen immer nur ins Leere. Ich spüre wie meine Glieder zunehmend kraftloser werden, bis ich zu einem winzigen Haufen

Nichts, am Boden kauernd erstarre. Ich will ihn nicht verändern. Nicht in eine Richtung drängen, in der er sich nicht wohl fühlt. Darum ist mein Gefühlschaos, ganz allein mein Problem. Dennoch steigt manchmal Wut in mir auf, Zorn, weil er mich soweit kommen lässt. Doch wenn er vor mir steht ist alles verflogen. Wie eine zu selten gegossene Pflanze, die endlich Wasser erhält, straffen sich meine Blätter und richten sich voller Spannkraft auf. Sie leuchten im satten Grün und wenden sich, nahezu unbekümmert, dem Sonnenlicht zu.

Es muss Liebe sein!

Eng umschlungen liegen wir nebeneinander.

Ich weiß nicht, ob ich mehr meinen Herzschlag spüre oder den Seinen.

Sein Atem erhitzt meine Haut.

Ich genieße einfach, wie wir zu einem Ganzen verschmelzen.

Das tiefe Brennen in meiner Brust, der Wunsch ihn nie mehr loslassen zu müssen.

Seine Liebe zu empfangen und ihm meine zu schenken.

Wäre es doch nur immer so.

Widmung

Jedes dieser Worte habe ich mit dir gefühlt.

Ich wünschte, du könntest mir vertrauen.